学校 - l'école   2
旅行 - le voyage   5
交通运输 - le transport   8
城市 - la ville   10
地形 - le paysage   14
餐馆 - le restaurant   17
超市 - le supermarché   20
饮料 - les boissons   22
食物 - l'alimentation   23
农场 - la ferme   27
房子 - la maison   31
客厅 - le salon   33
厨房 - la cuisine   35
浴室 - la salle de bain   38
儿童房 - la chambre d'enfant   42
衣服 - les vêtements   44
办公室 - le bureau   49
经济 - l'économie   51
职业 - les professions   53
工具 - les outils   56
乐器 - les instruments de musique   57
动物园 - le zoo   59
体育 - les sports   62
活动 - les activités   63
家 - la famille   67
身体 - le corps   68
医院 - l'hôpital   72
紧急情况 - l'urgence   76
地球 - la terre   77
钟表 - ...heure(s)   79
周 - la semaine   80
年 - l'année   81
形状 - les formes   83
颜色 - les couleurs   84
反义词 - les oppositions   85
数字 - les nombres   88
语言 - les langues   90
谁/什么/怎样 - qui / quoi / comment   91
方位 - où   92

AF234669

Impressum
Verlag: BABADADA GmbH, Nedderfeld 112 , 22529 Hamburg
Geschäftsführer / Verlagsleitung: Harald Hof
Druck: Books on Demand GmbH, In de Tarpen 42, 22848 Norderstedt

Imprint
Publisher: BABADADA GmbH, Nedderfeld 112 , 22529 Hamburg, Germany
Managing Director / Publishing direction: Harald Hof
Print: Books on Demand GmbH, In de Tarpen 42, 22848 Norderstedt

教室
la salle de classe

除
diviser

186/2

黑板
le tableau noir

校园
la cour (de récréation)

老师
le professeur

纸
le papier

书写
écrire

钢笔
le stylo

办公桌
le bureau

直尺
la règle

书
le livre

学生
l'élève

书包
le cartable

铅笔盒
la trousse

铅笔
le crayon

卷笔刀
le taille-crayon

橡皮擦
la gomme

画板
le carnet à dessin

图画

le dessin

画笔

le pinceau

颜料盒

la boîte de peinture

剪刀

les ciseaux

胶水

la colle

练习册

le cahier d'exercices

家庭作业

les devoirs

数字

le chiffre

加

additionner

减

soustraire

乘

multiplier

计算

calculer

字母

la lettre

字母表

l'alphabet

字

le mot

课文

le texte

读

lire

粉笔

la craie

上课

la leçon

登记

le livre de classe

考试

l'examen

证书

le certificat

校服

l'uniforme scolaire

教育

la formation

百科全书

le lexique

大学

l'université

显微镜

le microscope

地图

la carte

废纸筐

la corbeille à papier

酒店
l'hôtel

Grand

青年旅社
l'auberge

ROOMS

外币兑换处
le bureau de change

手提箱
la valise

汽车
la voiture

语言
la langue

是/否
oui / non

好的
d'accord

您好
Salut

翻译员
l'interprète

谢谢
merci

……多少钱？

Combien coûte...?

我不明白

Je ne comprends pas

问题

le problème

晚上好！

Bonsoir !

早上好！

Bonjour !

晚安！

Bonne nuit !

再见

Au revoir

方向

la direction

行李

les bagages

包

le sac

双肩包

le sac-à-dos

客人

l'hôte

房间

la pièce

睡袋

le sac de couchage

帐篷

la tente

旅游信息

l'office de tourisme

海滩

la plage

信用卡

la carte de crédit

早餐

le petit-déjeuner

午餐

le déjeuner

晚餐

le dîner

票

le billet

电梯

l'ascenseur

邮票

le timbre

边界

la frontière

海关

la douane

大使馆

l'ambassade

签证

le visa

护照

le passeport

交通运输

le transport

飞机
l'avion

船
le navire

消防车
le véhicule de pompiers

卡车
le camion

公交车
le bus

飞艇
bateau à moteur

自行车
la bicyclette

汽车
la voiture

摆渡船
le ferry

小船
la barque

摩托车
la moto

警车
la voiture de police

赛车
la voiture de course

租车
la voiture de location

拼车

l'auto-partage

拖车

la voiture de remorquage

垃圾车

la benne à ordures

发动机

le moteur

汽油

l'essence

加油站

la station d'essence

交通标志

le panneau indicateur

交通

le trafic

交通堵塞

l'embouteillage

停车场

le parking

火车站

la gare

轨道

les rails

火车

le train

电车

le tramway

货车

le wagon

直升机
l'hélicoptère

机场
l'aéroport

塔
la tour

乘客
le passager

集装箱
le conteneur

纸板箱
le carton

手推车
le chariot

篮子
la corbeille

起飞/降落
décoller / atterrir

城市
la ville

村庄
le village

市中心
le centre-ville

房子
la maison

电影院
le cinéma

广告
la publicité

路灯
le réverbère

街道
la rue

出租车
le taxi

小吃店
le kiosque

行人
le piéton

人行道
le trottoir

斑马线
le passage piéton

垃圾箱
la poubelle

十字路口
le carrefour

红绿灯
les feux de circulation

小屋
la cabane

公寓
l'appartement

火车站
la gare

市政厅
la mairie

博物馆
le musée

学校
l'école

大学

l'université

银行

la banque

医院

l'hôpital

酒店

l'hôtel

药房

la pharmacie

办公室

le bureau

书店

la librairie

商店

le magasin

花店

le fleuriste

超市

le supermarché

市场

le marché

百货商店

le grand magasin

鱼店

la poissonnerie

购物中心

le centre commercial

海港

le port

公园

le parc

长凳

la banque

桥

le pont

楼梯

les escaliers

地铁

le métro

隧道

le tunnel

公交车站

l'arrêt de bus

酒吧

le bar

餐馆

le restaurant

邮筒

la boîte à lettres

路标

le panneau indicateur

停车计时器

le parcmètre

动物园

le zoo

游泳馆

le réverbère

清真寺

la mosquée

农场

la ferme

污染

la pollution

基地

la cimetière

教堂

l'église

操场

l'aire de jeux

寺庙

le temple

地形

le paysage

树叶
la feuille

指示牌
le panneau indicateur

路
le chemin

草地
le pré

石头
la pierre

树
l'arbre

徒步旅行者
le randonneur

河
la rivière

草
l'herbe

花
la fleur

峡谷

la vallée

山

la montagne

湖

le lac

森林

la forêt

沙漠

le désert

火山

le volcan

城堡

le château

彩虹

l'arc-en-ciel

蘑菇

le champignon

棕榈树

le palmier

蚊子

le moustique

苍蝇

la mouche

蚂蚁

les fourmis

蜜蜂

l'abeille

蜘蛛

l'araignée

甲虫

le coléoptère

青蛙

la grenouille

松鼠

l'écureuil

刺猬

le hérisson

野兔

le lièvre

猫头鹰

la chouette

鸟

l'oiseau

天鹅

le cygne

野猪

le sanglier

鹿

le cerf

麋鹿

l'élan

水坝

le barrage

风力发电机

l'éolienne

太阳能电池板

le panneau solaire

气候

le climat

服务员
▶ le serveur

菜单
▶ le menu

椅子
▶ la chaise

汤
la soupe

披萨饼
la pizza

餐具
les couverts

桌布
la nappe

前菜

les hors d'œuvre

主菜

le plat principal

甜点

le dessert

饮料

les boissons

食物

l'alimentation

瓶子

la bouteille

快餐

le fast-food

街边小吃

les plats à emporter

茶壶

la théière

糖盒

le sucrier

一份饭菜

la portion

意式咖啡机

la machine à expresso

高脚椅

la chaise haute

账单

la facture

托盘

le plateau

刀

le couteau

餐叉

la fourchette

勺子

la cuillère

茶匙

la cuillère à thé

餐巾

la serviette

玻璃杯

le verre

碟子
l'assiette

汤盘
l'assiette à soupe

碟子
la soucoupe

酱
la sauce

盐瓶
la salière

胡椒磨
le moulin à poivre

醋
le vinaigre

食用油
l'huile

调味料
les épices

番茄酱
le ketchup

芥末
la moutarde

蛋黄酱
la mayonnaise

超市
le supermarché

特价
l'offre promotionnelle

顾客
le client

乳制品
les produits laitiers

水果
les fruits

购物车
le chariot

肉铺
la boucherie

面包房
la boulangerie

称重
peser

蔬菜
les légumes

肉
la viande

冷冻食品
les aliments surgelés

冷盘
la charcuterie

罐头食品
les conserves

洗衣粉
la poudre à lessive

甜食
les bonbons

日用品
les articles ménagers

清洁用品
les détergents

销售员
la vendeuse

收银机
la caisse

收银员
le caissier

购物清单
la liste d'achats

开放时间
les heures d'ouverture

钱包
le portefeuille

信用卡
la carte de crédit

袋子
le sac

塑料袋
le sac en plastique

水

l'eau

果汁

le jus de fruit

牛奶

le lait

可乐

le coca

红酒

le vin

啤酒

la bière

酒

l'alcool

可可

le chocolat chaud

茶

le thé

咖啡

le café

意式浓缩咖啡

l'expresso

卡布奇诺

le cappuccino

香蕉

la banane

苹果

la pomme

橙子

l'orange

西瓜

le melon

柠檬

le citron.

胡萝卜

la carotte

大蒜

l'ail

竹子

le bambou

洋葱

l'oignon

蘑菇

le champignon

坚果

les noisettes

面条

les pâtes

意大利面条

les spaghetti

米饭

le riz

沙拉

la salade

薯条

les pommes frites

炸土豆

les pommes de terre rôties

披萨饼

la pizza

汉堡包

le hamburger

三明治

le sandwich

炸猪排

l'escalope

火腿

le jambon

萨拉米

le salami

香肠

la saucisse

鸡肉

le poulet

烤肉

le rôti

鱼

le poisson

燕麦片

les flocons d'avoine

穆兹利

le muesli

玉米片

les cornflakes

面粉

la farine

羊角面包

le croissant

面包卷

les petits-pains

面包

le pain

烤面包

le pain grillé

饼干

les biscuits

黄油

le beurre

凝乳

le fromage blanc

蛋糕

le gâteau

蛋

l'œuf

煎蛋

l'œuf au plat

奶酪

le fromage

冰激凌

la glace

糖

le sucre

蜂蜜

le miel

果酱

la confiture

巧克力酱

la crème nougat

咖喱饭

le curry

农舍
la ferme

粮仓
la grange

稻草捆
la botte de paille

田野
le champ

马
le cheval

拖车
la remorque

拖拉机
le tracteur

马驹
le poulain

驴
l'âne

羊
le mouton

羔羊
l'agneau

山羊

la chèvre

奶牛

la vache

牛犊

le veau

猪

le porc

小猪

le porcelet

公牛

le taureau

鹅

l'oie

鸭

le canard

小鸡

le poussin

母鸡

la poule

公鸡

le coq

鼠

le rat

猫

le chat

老鼠

la souris

牛

le bœuf

狗

le chien

狗屋

le chenil

花园浇水软管

le tuyau de jardin

洒水壶

l'arrosoir

长柄大镰刀

la faucheuse

犁

la charrue

镰刀

la faucille

锄头

la pioche

长柄草耙

la fourche

斧头

la hache

独轮手推车

la brouette

饲料槽

la cuve

牛奶罐

le pot à lait

麻布袋

le sac

栅栏

la clôture

马厩

l'étable

温室

le serre

土壤

le sol

种子

les semences

肥料

l'engrais

联合收割机

la moissonneuse-batteuse

农场 - la ferme

收割

récolter

收割

la récolte

山药

l'igname

小麦

le blé

大豆

le soja

土豆

la pomme de terre

玉米

le maïs

油菜籽

le colza

果树

l'arbre fruitier

树薯

le manioc

谷物

les céréales

烟囱
la cheminée

屋顶
le toit

落水管
la gouttière

窗户
la fenêtre

车库
le garage

门铃
la sonnette

门
la porte

垃圾桶
la poubelle

信箱
la boîte aux lettres

花园
le jardin

客厅
le salon

浴室
la salle de bain

厨房
la cuisine

卧室
la chambre à coucher

儿童房
la chambre d'enfant

餐厅
la salle à manger

地板

le sol

墙壁

le mur

吊顶

le plafond

地窖

la cave

桑拿

le sauna

阳台

le balcon

露台

la terrasse

游泳池

la piscine

割草机

la tondeuse à gazon

被单

la housse

床罩

la couette

床

le lit

扫帚

le balai

水桶

le sceau

开关

l'interrupteur

壁纸
le papier peint

照片
l'image

台灯
la lampe

搁架
l'étagère

橱柜
l'armoire

电视机
la télé

壁炉
la cheminée

花
la fleur

垫子
le coussin

沙发
le sofa

花瓶
le vase

遥控器
la télécommande

地毯
le tapis

窗帘
le rideau

餐桌
la table

椅子
la chaise

摇椅
la chaise à bascule

扶手椅
le fauteuil

书
le livre

毯子
la couverture

装饰品
la décoration

木柴
le bois de chauffage

电影
le film

高保真音响
la chaîne hi-fi

钥匙
la clé

报纸
le journal

油画
la peinture

海报
le poster

收音机
la radio

笔记本
le bloc-notes

吸尘器
l'aspirateur

仙人掌
le cactus

蜡烛
la bougie

微波炉
le four à micro-ondes

冰箱
le réfrigérateur

厨房秤
la balance de cuisine

烤面包机
le grille-pain

洗洁精
le détergent

烤箱
le four

冰柜
le compartiment congélateur

垃圾桶
la poubelle

洗碗机
le lave-vaisselle

炊具
le four

锅
la casserole

铸铁锅
la marmite

炒锅
le wok / kadai

平底锅
la poêle

水壶
la bouilloire electrique

蒸锅

le cuiseur vapeur

烤盘

la plaque de cuisson

陶瓷锅

la vaisselle

马克杯

le gobelet

碗

la coupe

筷子

les baguettes

长柄勺

la louche

铲子

la spatule

搅拌器

le fouet

滤网

la passoire

筛子

le tamis

磨碎机

la râpe

研钵

le mortier

烧烤

le barbecue

明火

la cheminée

菜板

la planche à découper

擀面杖

le rouleau à pâtisserie

开瓶器

le tire-bouchon

罐子

la boîte

开罐器

l'ouvre-boîte

隔热手套

les maniques

水槽

le lavabo

刷子

la brosse

海绵

l'éponge

搅拌机

le mixeur

冷藏箱

le congélateur

奶瓶

le biberon

水龙头

le robinet

浴室
la salle de bain

供暖设备
le chauffage

淋浴
la douche

毛巾
la serviette

浴帘
le rideau de douche

泡沫浴
le bain moussant

浴缸
la baignoire

玻璃杯
le verre

洗衣机
la machine à laver

瓷砖
le carrelage

水龙头
le robinet

便壶
le pot

水槽
le lavabo

厕所

les toilettes

蹲便器

la toilette à la turque

坐浴器

le bidet

小便池

l'urinoir

厕纸

le papier toilette

马桶刷

la brosse à toilette

牙刷

la brosse à dents

牙膏

le dentifrice

牙线

le fil dentaire

洗

laver

手持式喷淋头

la douche manuelle

冲洗器

la douche intime

洗脸盆

la vasque

擦背刷

la brosse dorsale

肥皂

le savon

沐浴露

le gel douche

洗发水

le shampooing

法兰绒

le gant de toilette

排水

l'écoulement

乳霜

la crème

除臭剂

le déodorant

镜子

le miroir

手镜

le miroir cosmétique

剃须刀

le rasoir

剃须泡沫

la mousse à raser

须后水

l'après-rasage

梳子

la peigne

刷子

la brosse

吹风机

le sèche-cheveux

喷发定型剂

la laque pour cheveux

化妆品

le fond de teint

唇膏

le rouge à lèvres

指甲油

le vernis à ongles

化妆棉

l'ouate

指甲剪

le coupe-ongles

香水

le parfum

洗漱包

la trousse de toilette

凳子

le tabouret

计重秤

le pèse-personne

浴袍

le peignoir

橡胶手套

les gants de nettoyage

卫生棉条

le tampon

卫生巾

s serviettes hygiéniques

化学厕所

la toilette chimique

闹钟
le réveil

毛绒玩具
le doudou

玩具车
la voiture jouet

拨浪鼓
le hochet

玩具屋
la maison de poupée

礼物
le cadeau

气球

le ballon

床

le lit

（洋娃娃用）婴儿车

la poussette

扑克牌

le jeu de cartes

拼图

le puzzle

漫画

la bande dessinée

乐高积木

les pièces lego

积木玩具

les blocs de construction

玩具人

la figurine

婴儿服

la grenouillère

飞盘

le frisbee

床铃玩具

le mobile

棋盘游戏

le jeu de société

骰子

le dé

火车模型

le train miniature

安抚奶嘴

la sucette

聚会

la fête

绘本

le livre d'images

球

la balle

洋娃娃

la poupée

玩

jouer

沙坑

le bac à sable

秋千

la balançoire

玩具

les jouets

游戏机

la console de jeu

三轮车

le tricycle

泰迪熊

l'ours en peluche

衣柜

l'armoire

衣服

les vêtements

袜子

les chaussettes

长袜

les bas

紧身裤

le collant

围巾
l'écharpe

雨伞
le parapluie

T恤
le t-shirt

皮带
la ceinture

靴子
les bottes

拖鞋
les pantoufles

运动鞋
les baskets

凉鞋
les sandales

鞋
les chaussures

雨靴
les bottes de caoutchouc

内裤
les sous-vêtements

胸罩
le soutien-gorge

背心
le maillot de corps

衣服 - les vêtements

45

身体

le body

裤子

le pantalon

牛仔裤

le jean

短裙

la jupe

女式衬衫

le chemisier

衬衫

la chemise

套头衫

le pull

卫衣

le sweat à capuche

西装夹克

la veste

夹克

la veste

外套

le manteau

雨衣

l'imperméable

套装

le costume

连衣裙

la robe

婚纱

la robe de mariée

西装

le costume

睡袍

la chemise de nuit

睡衣

le pyjama

莎丽

le sari

头巾

le foulard

包头巾

le turban

波卡

la burqa

卡夫坦

le caftan

(阿拉伯式)长袍长袍

l'abaya

泳衣

le maillot de bain

男式泳裤

le maillot de bain

短裤

le short

运动服

a tenue d'entraînement

围裙

le tablier

手套

les gants

纽扣

le bouton

眼镜

les lunettes

手链

le bracelet

项链

le collier

戒指

la bague

耳环

la boucle d'oreille

便帽

le bonnet

衣架

le cintre

帽子

le chapeau

领带

la cravate

拉链

la fermeture éclair

头盔

le casque

背带

les bretelles

校服

l'uniforme scolaire

制服

l'uniforme

围兜

le bavoir

安抚奶嘴

la sucette

尿不湿

la lange

服务器
le serveur

文件柜
l'armoire d'archivage

打印机
l'imprimante

纸
le papier

显示屏
l'écran

办公桌
le bureau

鼠标
la souris

文件夹
le classeur

键盘
le clavier

废纸筐
la corbeille à papier

电脑
l'ordinateur

椅子
la chaise

咖啡杯

la tasse de café

计算器

la calculatrice

因特网

l'internet

笔记本电脑

l'ordinateur portable

信件

la lettre

消息

le message

手机

le portable

网络

le réseau

复印机

la photocopieuse

软件

le logiciel

电话

le téléphone

插座

la prise

传真机

le fax

表格

le formulaire

文件

le document

买

acheter

付钱

payer

交易

faire du commerce

现金

la monnaie

美元

le dollar

欧元

l'euro

日元

le yen

卢布

le rouble

瑞士法郎

le franc suisse

人民币

le renminbi yuan

卢比

la roupie

提款处

le distributeur automatique

外币兑换处

le bureau de change

金

l'or

银

l'argent

石油

le pétrole

能源

l'énergie

价格

le prix

合同

le contrat

税金

la taxe

股票

l'action

工作

travailler

职员

l'employé

老板

l'employeur

工厂

l'usine

商店

le magasin

警官
l'agent de police

消防员
le pompier

厨师
le cuisinier

医生
le médecin

飞行员
le pilote

园丁

le jardinier

木匠

le menuisier

裁缝

la couturière

法官

le juge

化学家

le chimiste

演员

l'acteur

公交车司机

le conducteur de bus

出租车司机

le chauffeur de taxi

渔夫

le pêcheur

清洁女工

la femme de ménage

屋顶工

le couvreur

服务员

le serveur

猎人

le chasseur

画家

le peintre

面包师

le boulanger

电工

l'électricien

建筑工人

l'ouvrier

工程师

l'ingénieur

屠夫

le boucher

水管工

le plombier

邮递员

le facteur

士兵

le soldat

建筑师

l'architecte

收银员

le caissier

花农

le fleuriste

理发师

le coiffeur

售票员

le contrôleur

机械师

le mécanicien

船长

le capitaine

牙医

le dentiste

科学家

le scientifique

拉比

le rabbin

伊玛目

l'imam

和尚

le moine

牧师

le prêtre

铁锤
le marteau

钳子
les pinces

螺丝刀
le tournevis

扳手
la clé

手电筒
la torche

挖掘机

la pelleteuse

工具箱

la boîte à outils

梯子

l'échelle

锯子

la scie

钉子

les clous

钻机

la perceuse

修
......
réparer

铲子
......
la pelle

靠！
......
Mince !

簸箕
......
la pelle

油漆桶
......
le pot de peinture

螺丝
......
les vis

乐器

les instruments de musique

扬声器
le haut-parleurs

打击乐器
la batterie

低音提琴
la contrebasse

小号
la trompette

吉他
la guitare

钢琴

le piano

小提琴

le violon

贝斯

la basse

定音鼓

les timbales

鼓

le tambour

电子琴

le piano électrique

萨克斯管

le saxophone

长笛

la flûte

麦克风

le microphone

入口
l'entrée

老虎
le tigre

笼子
la cage

斑马
le zèbre

动物饲料
l'alimentation animale

熊猫
le panda

动物

les animaux

大象

l'éléphant

袋鼠

le kangourou

犀牛

le rhinocéros

大猩猩

le gorille

熊

l'ours

骆驼

le chameau

鸵鸟

l'autruche

狮子

le lion

猴子

le singe

火烈鸟

le flamand rose

鹦鹉

le perroquet

北极熊

l'ours polaire

企鹅

le pingouin

鲨鱼

le requin

孔雀

le paon

蛇

le serpent

鳄鱼

le crocodile

动物园管理员

le gardien de zoo

海豹

le phoque

美洲豹

le jaguar

矮种马

le poney

豹

le léopard

河马

l'hippopotame

长颈鹿

la girafe

老鹰

l'aigle

野猪

le sanglier

鱼

le poisson

龟

la tortue

海象

le morse

狐狸

le renard

羚羊

la gazelle

橄榄球
l'american Football

骑自行车
le cyclisme

网球
le tennis

篮球
le basket-ball

游泳
la natation

拳击
la boxe

冰球
le hockey sur glace

英式足球
le football

羽毛球
le badminton

田径
l'athlétisme

手球
le handball

滑雪
le ski

马球
le polo

跳
sauter

拥抱
embrasser

笑
rire

走路
marcher

唱
chanter

祈祷
prier

亲吻
faire la bise

做梦
rêver

书写
écrire

画
dessiner

展示
montrer

推
pousser

给
donner

拿
prendre

有
avoir

做
faire

当
être

站
être debout

跑
courir

拉
trier

扔
jeter

摔倒
tomber

躺
être couché

等待
attendre

携带
porter

坐
être assis

穿衣
s'habiller

睡觉
dormir

醒来
se réveiller

看

regarder

哭

pleurer

抚摸

caresser

梳头

peigner

交谈

parler

明白

comprendre

问

demander

听

écouter

喝

boire

吃

manger

清理

ranger

爱

aimer

做饭

cuire

开车

conduire

飞

voler

航行

faire de la voile

计算

calculer

读

lire

学习

apprendre

工作

travailler

结婚

se marier

缝

coudre

刷牙

brosser les dents

杀

tuer

抽烟

fumer

寄

envoyer

la famille

祖母
grand-mère

祖父
le grand-père

父亲
le père

母亲
la mère

婴童
le bébé

女儿
la fille

儿子
le fils

客人

l'hôte

阿姨

la tante

叔叔

l'oncle

兄弟

le frère

姐妹

la sœur

前额
le front

眼睛
l'œil

肩膀
l'épaule

手指
le doigt

脸
le visage

下巴
le menton

手
la main

乳房
la poitrine

腿
la jambe

手臂
le bras

婴童

le bébé

男人

l'homme

女人

la femme

女孩

la fille

男孩

le garçon

头

la tête

背部

le dos

肚子

le ventre

肚脐

le nombril

脚趾

l'orteil

脚后跟

le talon

骨头

l'os

臀部

la hanche

膝盖

le genou

手肘

le coude

鼻子

le nez

屁股

les fesses

皮肤

la peau

脸颊

la joue

耳朵

l'oreille

嘴唇

la lèvre

嘴

la bouche

牙齿

la dent

舌头

la langue

脑

le cerveau

心脏

le cœur

肌肉

le muscle

肺

les poumons

肝脏

le foie

胃

l'estomac

肾脏

les reins

性交

le rapport sexuel

避孕套

le préservatif

卵子

l'ovule

精子

le sperme

怀孕

la grossesse

月经

la menstruation

阴道

le vagin

阴茎

le pénis

眉毛

le sourcil

头发

les cheveux

脖子

le cou

医院
l'hôpital

医院
l'hôpital

救护车
l'ambulance

轮椅
le fauteuil roulant

骨折
la fracture

医生
le médecin

急诊室
le service des urgences

护士
l'infirmière

紧急情况
l'urgence

昏迷
inconscient

痛
la douleur

医院 - l'hôpital

受伤

la blessure

出血

l'hémorragie

心脏病发作

la crise cardiaque

中风

l'attaque cérébrale

过敏

l'allergie

咳嗽

la toux

发烧

la fièvre

流感

la grippe

腹泻

la diarrhée

头痛

le mal de tête

癌症

le cancer

糖尿病

le diabète

外科医生

le chirurgien

手术刀

le scalpel

手术

l'opération

CT

le CT

X光

la radiographie

超声波

l'échographie

口罩

le masque

疾病

la maladie

候诊室

la salle d'attente

拐杖

la béquille

石膏

le pansement

绷带

le pansement

注射

l'injection

听诊器

le stéthoscope

担架

le brancard

体温计

le thermomètre

出生

l'accouchement

超重

la surcharge pondérale

助听器

l'appareil auditif

消毒液

le désinfectant

感染

l'infection

病毒

le virus

艾滋病

le VIH / le sida

药物

le médicament

接种疫苗

la vaccination

药片

les comprimés

药丸

la pilule

急救电话

l'appel d'urgence

血压计

le tensiomètre

生病/健康

malade / sain

医院 - l'hôpital

救命！
Au secours !

警报
l'alarme

突击
l'assaut

攻击
l'attaque

危险
le danger

紧急出口
la sortie de secours

着火啦！
Au feu!

灭火器
l'extincteur

意外
l'accident

急救箱
la trousse de premier
secours

呼救信号
SOS

警察
la police

欧洲

l'Europe

北美洲

l'Amérique du Nord

南美洲

l'Amérique du Sud

非洲

l'Afrique

亚洲

l'Asie

澳洲

l'Australie

大西洋

l'Océan atlantique

太平洋

l'Océan pacifique

印度洋

l'Océan indien

南冰洋

l'Océan antarctique

北冰洋

l'Océan arctique

北极

le Pôle nord

南极
le Pôle sud

南极洲
l'Antarctique

地球
la terre

陆地
le pays

海
la mer

岛
l'île

国家
la nation

国家
l'état

钟面

le cadran

时针

l'aiguille des heures

分针

l'aiguille des minutes

秒针

l'aiguille des secondes

现在几点？

Quelle heure est-il ?

天

le jour

时间

le temps

现在

maintenant

电子表

la montre digitale

分

la minute

时

l'heure

周

la semaine

周一 lundi
周二 mardi
周三 mercredi
周四 jeudi
周五 vendredi
周六 samedi
周日 dimanche

昨天

hier

今天

aujourd'hui

明天

demain

早晨

le matin

中午

le midi

晚上

le soir

工作日

les jours ouvrables

周末

le week-end

雨
la pluie

彩虹
l'arc-en-ciel

风
le vent

雪
la neige

春
le printemps

夏
l'été

秋
l'automne

冬
l'hiver

天气预报

la météo

温度计

le thermomètre

阳光

la lumière du soleil

云

le nuage

雾

le brouillard

潮湿

l'humidité

闪电

la foudre

打雷

la tonnerre

风暴

la tempête

冰雹

la grêle

季风

la mousson

洪水

l'inondation

冰

la glace

一月

janvier

二月

février

三月

mars

四月

avril

五月

mai

六月

juin

七月

juillet

八月

août

九月

septembre

十月

octobre

十一月

novembre

十二月

décembre

形状
les formes

圆形

le cercle

正方形

le carré

长方形

le rectangle

三角形

le triangle

球体

la sphère

立方体

le cube

白

blanc

黄

jaune

橙

orange

粉

rose

红

rouge

紫

violet

蓝

bleu

绿

vert

棕

marron

灰

gris

黑

noir

很多/少许

beaucoup / peu

生气/平静

fâché / calme

美/丑

joli / laid

首/尾

le début / la fin

大/小

grand / petit

明/暗

clair / obscure

兄弟/姐妹

frère / soeur

干净/肮脏

propre / sale

完整/缺失

complet / incomplet

白天/晚上

le jour / la nuit

死/生

mort / vivant

宽/窄

large / étroit

可食用/非食用

comestible / incomestible

邪恶/善良

méchant / gentil

兴奋/无聊

excité / ennuyé

胖/瘦

gros / mince

第一/最后

le premier / le dernier

朋友/敌人

l'ami / l'ennemi

满/空

plein / vide

硬/软

dur / souple

重/轻

lourd / léger

饿/渴

faim / soif

生病/健康

malade / sain

非法/合法

illégal / légal

聪明/愚笨

intelligent / stupide

左/右

gauche / droite

近/远

proche / loin

新/旧

nouveau / usé

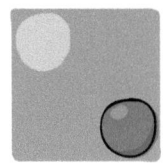

没有/有些

rien / quelque chose

老/幼

vieux / jeune

开/关

marche / arrêt

打开/合上

ouvert / fermé

安静/吵闹

faible / fort

富/穷

riche / pauvre

对/错

correct / incorrect

粗糙/光滑

rugueux / lisse

伤心/高兴

triste / heureux

短/长

court / long

慢/快

lent / rapide

湿/干

mouillé / sec

温暖/凉爽

chaud / froid

战争/和平

la guerre / la paix

反义词 - les oppositions

0

零
zéro

1

一
un / une

2

二
deux

3

三
trois

4

四
quatre

5

五
cinq

6

六
six

7

七
sept

8

八
huit

9

九
neuf

10

十
dix

11

十一
onze

12

十二
....
douze

13

十三
....
treize

14

十四
....
quatorze

15

十五
....
quinze

16

十六
....
seize

17

十七
....
dix-sept

18

十八
....
dix-huit

19

十九
....
dix-neuf

20

二十
....
vingt

100

百
....
cent

1.000

千
....
mille

1.000.000

百万
....
le million

英语

l'anglais

美式英语

l'anglais américain

普通话

le chinois mandarin

印地语

le hindi

西班牙语

l'espagnol

法语

le français

阿拉伯语

l'arabe

俄语

le russe

葡萄牙语

le portugais

孟加拉语

le bengali

德语

l'allemand

日语

le japonais

我
je

你
tu

他/她/它
il / elle / ce, c', cela

我们
nous

你们
vous

他们
ils / elles

谁？
Qui ?

什么？
Quoi ?

怎样？
Comment ?

哪里？
Où ?

什么时候？
Quand ?

名字
le nom

后面

derrière

里面

dans

前面

devant

上方

au-dessus

上面

sur

下面

en-dessous

旁边

à côté de

中间

entre

地点

le lieu